CATALOGUE

DES

FAIENCES ANCIENNES

Des fabriques d'Urbino, de Faënza, de Castel Durante,
de Castelli, etc.
Plats en faïence de Rhodes;
Faïences de Delft à décor bleu et polychrome; Faïences allemandes;
Grès et terres émaillées;

FAIENCES FRANÇAISES

Des fabriques de Nevers, de Rouen, de Marseille, de Moustiers,
de Strasbourg, de Lorraine, etc;
Porcelaines de Chine, du Japon et de Saxe;
Quelques Meubles et Objets variés.

COMPOSANT LA COLLECTION DE M. ADRIEN DECOURCELLE

ET DONT LA VENTE AURA LIEU

HOTEL DROUOT, SALLE N° 9,

Les Vendredi 7 et Samedi 8 Décembre 1883,

A deux heures.

COMMISSAIRE-PRISEUR

M° PAUL CHEVALLIER, Succr de M° CH. PILLET
10, rue de la Grange-Batelière,

EXPERT

M. CHARLES MANNHEIM, 7, rue Saint-Georges,
Chez lesquels se trouve le présent Catalogue.

Exposition publique, le Jeudi 6 Décembre 1883.

De 1 heure à 5 heures.

CONDITIONS DE LA VENTE

La vente sera faite au comptant.

Les acquéreurs payeront cinq pour cent en sus des enchères applicables aux frais.

L'exposition mettant le public à même de se rendre compte de l'état des objets, il ne sera admis aucune réclamation une fois l'adjudication prononcée.

Paris. — Typ. Pillet et Dumoulin, 5, rue des Grands-Augustins

DÉSIGNATION DES OBJETS

FAIENCES ITALIENNES

1 — Fabrique d'Urbino. — Joli plat rond à décor polychrome représentant un sujet tiré de l'histoire romaine, composition de sept figures. Au revers, l'indication du sujet ainsi que la date de 1542. Cadre en bois noir.

2 — Même fabrique. — Petit plat rond représentant Orphée dans un paysage, il est accompagné de trois personnages.

3 — Même fabrique. — Coupe ronde sur pied bas, décor polychrome, représentant la Crèche. Cadre en bois noir.

4 — Même fabrique. — Grand plat rond décoré de grotesques polychromes sur fond blanc. Au centre, Amour à califourchon sur un oiseau. Cadre en bois noir.

5 — Même fabrique. —Coupe ronde à bossages, déco-

rée d'ornements et de têtes de chérubins en camaïeu jaune et bleu sur fond à compartiments bleu foncé, vert et jaune d'ocre. Au centre, Diane vue à mi-jambes sur fond jaune.

6 — Même fabrique. — Coupe ronde à côtes, décor polychrome représentant une nymphe et un amour dans un payage.

7 — Même fabrique. — Deux très petits plats ronds décorés chacun d'une figure debout dans un paysage.

8 — Même fabrique. — Plat rond représentant des guerriers au repos dans un camp. Dans le champ un écusson armorié.

9 — Même fabrique. — Deux plateaux ronds sur piédouches décorés de grotesques et d'armoiries.

10 — Fabrique de Faenza. — Deux cornets de forme surbaissée avec banderoles à inscriptions et décor bleu feuillagé ; haut et bas, couronne de laurier polychrome.

11 — Fabrique de Deruta. — Vase à panse ovoïde et à deux anses décoré d'ornements à reflets métalliques rehaussés de bleu.

12 — Fabrique de Castel-Durante. — Vase ovoïde et à col droit décoré de trophées d'armes en camaïeu

jaunâtre sur fond bleu et à médaillon représentant saint Jean debout. Monture à anses en bois sculpté.

13 — Même fabrique. — Coupe ronde décorée au centre d'un buste d'homme couronné de profil à gauche et au pourtour de trophées d'armes en camaïeu jaune d'ocre sur fond bleu foncé.

14 — Même fabrique. — Deux cornets décorés d'ornements jaunes sur fond varié de nuances et d'un médaillon saint personnage. Ils sont montés en bois sculpté.

15 — Même fabrique. — Deux beaux vases sphériques décorés de trophées d'armes et de fleurs sur fond bleu avec médaillons buste de femme et amour. Supports en bois de chêne de Sauvrezy.

16 — Fabrique de Castelli. — Plat rond à décor polychrome représentant le Baptême du Christ. Au marli, figures de génies, mascarons et fleurs.

17 — Même fabrique. — Plaque ronde représentant un pâtre et son troupeau dans un payage. Cadre en bois noir et or.

18 — Même fabrique. — Petite plaque rectangulaire représentant un paysage avec monuments. Dans un cadre orné.

19 — Même fabrique. — Tasse profonde décorée du sujet de Daphné changée en laurier.

20 — Même fabrique. — Deux vases à anses et à couvercle décorés de paysages.

21 — Même fabrique. — Deux petites assiettes décorées chacune d'un amour dans un paysage. Cadres en bois noir et or.

22 — Même fabrique. — Deux plats ronds, décor polychrome ; au fond, sujet de chasse et sujet champêtre ; au marli, rinceaux, oiseaux et armoiries.

23 — Même fabrique. — Plat analogue à ceux qui précèdent mais plus petit.

24 — Même fabrique. — Plaque rectangulaire en hauteur représentant le Sacrifice d'Abraham.

25 — Même fabrique. — Petite plaque ronde représentant un personnage tenant un livre ouvert, derrière lui est un amour.

26 — Fabrique de Savone.— Petit vase à panse ovoïde côtelée à une anse surélevée et à goulot orné d'un mascaron en ancienne faïence de Savone, décoré d'un combat de cavaliers en bleu et jaune.

27 — Fabrique italienne. — Plat rond décoré d'un

sujet tiré de l'histoire romaine, en camaïeu bleu et offrant au marli des fleurs et des ornements polychromes.

28 — Fabrique de La Frata. — Sucrier avec couvercle à décor gravé sous engobe à rinceaux feuillagés, émaillés blanc et vert sur fond jaune d'ocre. Il porte la date de 1617.

29 — Deux petits vases sur piédouche et à ouverture large en faïence italienne, décor polychrome à médaillons bustes et festons de fleurs

30 — Lampe de suspension en faïence, à mascarons et guirlandes en relief, à décor polychrome. Elle est garnie en cuivre.

31 — Vase en forme de balustre, à deux anses, à guirlandes et fruits en relief et décor polychrome.

32 — Salière oblongue supportée par une syrène, décor polychrome, et coupe ronde, à côtes en faïence de Savone, à décor bleu.

FAIENCES DE RHODES

33 — Plat rond à bords festonnés, en ancienne faïence de Rhodes, décor polychrome à branches de roses et de tulipes au fond et ornements bleus au marli.

34 — Plat analogue à celui qui précède, mais un peu plus petit.

35 — Autre plat de même faience et de décor analogue.

36 — Pot à anse décoré de fleurs émaillées en couleur.

FAIENCES DE DELFT

37 — Fontaine formée d'un personnage à califourchon sur un tonneau, en ancienne faïence de Delft décor polychrome ; le personnage est vêtu d'un habit bleu et il tient une bouteille et un verre. Marque en bleu P V M.

38 — Fontaine analogue à celle qui précède et pouvant lui servir de pendant.

39 — Pot à eau à décor bleu composé de fleurs, d'oiseaux et de lambrequins, avec couvercle en étain.

40 — Deux statuettes debout en ancienne faïence de Delft, décor polychrome : Vénus et Mercure.

41 — Deux plaques oblongues et à contours en ancienne faïence de Delft, décor polychrome à vases de fleurs, oiseaux et ornements, garnies chacune d'une bran-

che porte-lumière en étain. Quoique de décor différent ces deux plaques peuvent se faire pendants.

42 — Petite plaque en largeur décor bleu; paysage et personnages, avec encadrement de fleurs et d'ornements.

43 — Deux petits lions assis se faisant pendants, décor polychrome.

44 — Perroquet grandeur nature sur un perchoir circulaire destiné à être suspendu, en ancienne faïence de Delft, décor polychrome.

45 — Perroquet analogue à celui qui précède, mais plus petit.

46 — Coq debout en ancienne faïence de Delft, décor polychrome.

47 — Beurrier de même faïence formé d'une vache couchée, décor polychrome.

48 — Beurrier de même faïence formé d'un canard, décor polychrome.

49 — Autre beurrier formé d'un oiseau sur son nid.

50 — Porte-allumettes formé d'une mule à décor polychrome sur fond bleu.

51 — Assiette à décor de style japonais, bleu, rouge et or, dite aux perdrix.

52 — Deux plaques oblongues et losangées en ancienne faïence de Delft, avec encadrement composé d'ornements saillants. Décor polychrome composé d'une corbeille de fruits.

53 — Plaque en hauteur et à contours avec encadrement composé d'ornements rocaille et polychromes et décorée d'un sujet champêtre en camaïeu bleu.

54 — Plaque pouvant servir de pendant à celle qui précède et décorée d'une figure de bergère Louis XV sous une tonnelle rocaille en camaïeu manganèse.

55 — Plaque carrée à angles arrondis; paysage en camaïeu bleu avec encadrement de fleurs polychromes sur fond noir.

56 — Plaque ovale à contours; décor polychrome à fleurs et oiseaux.

57 — Applique de forme contournée avec encadrement composé de mascarons et d'ornements. Décor bleu à armoiries et date de 1721.

58 — Plat rond en ancienne faïence de Delft à décor polychrome très brillant composé d'ornements et de fleurs.

59 — Plat rond de même faïence, décor polychrome ; au fond, fleurs et oiseaux, au marli, lambrequins ornés.

60 — Dix belles assiettes à riche décor polychrome composé de fleurs et d'ornements.

61 — Deux assiettes à large rosace et fleurs polychromes.

62 — Vase forme gourde à pans, décor bleu à fleurs, ornements et oiseaux.

63 — Porte-huilier et deux burettes à décor bleu.

64 — Deux pièces : Pomme avec feuilles et boîte formée d'un citron.

65 — Petite veilleuse en forme de chaufferette à décor bleu.

66 — Cheval debout en faïence de Delft à décor polychrome.

67 — Chou formant boîte, décoré au naturel.

68 — Assiette décor polychrome, à vase de fleurs au centre et au marli.

69 — Porte-huilier avec burette à anse à décor bleu.

FAIENCES ALLEMANDES

70 — Perroquet grandeur nature perché sur un tronc d'arbre qui s'échappe d'un socle rocaille, en ancienne faïence allemande, décor polychrome.

71 — Théière formée d'un perroquet debout, décor polychrome.

72 — Deux oiseaux debout sur des troncs d'arbre, décor polychrome.

73 — Deux petits tableaux oblongs en faïence allemande avec cadres adhérents, décor polychrome, oiseaux dans des paysages.

74 — Applique porte-lumière, modèle rocaille, à décor polychrome et à fond de glace.

75 — Deux petites chopes en faïence allemande avec couvercles en étain, décor polychrome à figures et ornements.

76 — Vase ovoïde à deux anses têtes de béliers, branches de fleurs et ornements en relief à décor polychrome.

77 — Plat rond à bords festonnés, décor bleu représentant une réunion dans un parc près d'une pièce d'eau.

78 — Deux grandes chopes en faïence, l'une d'elles à décor polychrome sur fond bleu et l'autre à armoiries et fleurs sur fond blanc. Elles sont montées en étain.

79 — Ecritoire en faïence allemande, de forme monumentale enrichie de figurines et de fleurs en relief à décor polychrome.

80 — Autre écritoire en faïence à décor bleu.

81 — Soupière oblongue en faïence allemande, décor polychrome à fleurs et hachures vertes.

82 — Deux pots à eau en faïence, l'un d'eux décoré de fleurs polychromes et l'autre de fleurs en camaïeu carmin.

83 — Deux assiettes en faïence allemande, décor polychrome à fleurs sur fond bleu.

GRÈS ET TERRES ÉMAILLÉES

84 — Chope de forme surbaissée à une anse en terre émaillée de Nuremberg à ornements en relief à

décor polychrome et daté de 1684. Couvercle en étain.

85 — Autre chope de même travail, décorée au pourtour des figures des apôtres debout et en relief, à décor polychrome rehaussé d'or. Date de 1677. Monture en étain.

86 — Petite chope de même qualité, décorée d'un buste et d'ornements.

87 — Cruche en grès émaillé brun à frise ornée de danseurs en bas-relief.

88 — Deux pièces : petit cruche en grès émaillé brun portant les bustes des Electeurs en relief, et petite chope en terre brune à mascarons et ornements en relief.

89 — Vase à deux anses et à couvercle en terre cuite, laquée en or et couleurs de style oriental.

FAIENCES DE NEVERS

90 — Buire de forme antique en ancienne faïence de Nevers, décor bleu et manganèse à sujet chinois dans des paysages.

91 — Panse de vase formant jardinière, décor bleu à paysage et personnages.

92 — Petite jardinière ovale à deux anses à torsades, décor bleu à paysages et rinceaux.

93 — Grand vase à pans formant jardinière à anses, à mascarons têtes de femmes. Décor polychrome à paysages, animaux et ornements; sur socle en bois noir.

94 — Très petit vase en forme de balustre en faïence de Nevers émaillé bleu uni.

95 — Petit vase en forme de gourde à décor de style chinois en bleu et manganèse.

96 — Jardinière oblongue et à contours avec anses à torsades, décor bleu de style japonais.

97 — Cruche formée d'un personnage à califourchon sur un tonneau, décor polychrome.

98 — Lion couché, décor polychrome.

FAIENCES DE ROUEN

DÉCOR POLYCHROME

99 — Grande et belle fontaine-applique en forme de demi-vase à pans, en ancienne faïence de Rouen, à riche décor polychrome composé de guirlandes de

fleurs et d'ornements. Son fronton est orné d'une coquille et de deux dauphins et elle est accompagnée de son couvercle.

100 — Sucrière à saupoudrer en forme de vase en ancienne faïence de Rouen décorée de fleurs et d'ornements en bleu et rouille.

101 — Jolie sucrière de même forme à riche décor d'ornements et fleurs en bleu et rouille. Le couvercle manque.

102 — Deux sucrières à saupoudrer, en ancienne faïence de Rouen, décorées de lambrequins et de festons de fleurettes en bleu et rouille.

103 — Bannette oblongue à pans et à deux anses, en ancienne faïence de Rouen, décor bleu et rouille à corbeille de fleurs et ornements.

104 — Plat oblong à contours, décor polychrome à la *double corne.*

105 — Deux belles assiettes à bords festonnés, décor polychrome *à la corne.*

106 — Deux assiettes à bords festonnés, décor polychrome au carquois.

107 — Deux assiettes à bords festonnés, décor polychrome à fleurs.

108 — Deux compotièrs, décor polychrome, l'un d'eux au carquois, l'autre à fleurs et ornements.

109 — Plat octogone, décor bleu rouille, corbeille de fleurs au centre et ornements au bord.

110 — Bénitier avec applique, ornée de deux anges debout en bas-relief, décor polychrome à fleurs.

111 — Plat oblong, décor polychrome à fleurs et insectes.

112 — Petit support-applique à ornements polychromes en relief et médaillon de paysage en camaïeu bleu.

113 — Autre support-applique à ornements et mascaron en relief à décor polychrome; il est monté en bois noir et appartient à la fontaine n° 99.

114 — Plat long et à contours, à décor polychrome en hauteur, à fleurs et ornements.

115 — Fontaine-applique en forme de demi-vase à côtes, décor bleu à lambrequins, fleurs et ornements.

FAIENCES DE ROUEN

DÉCOR BLEU

116 — Bassin oblong et à pans à deux anses, à décor bleu, fleurs et ornements.

117 — Fontaine en forme de vase à pans, à riche décor bleu et à anses et goulot formés de mascarons.

118 — Jolie bannette oblongue et à pans à deux anses en ancienne faïence de Rouen ; décor bleu à lambrequins et corbeilles de fleurs au pourtour et cornes d'abondance et panier de fleurs au centre. Elle porte au revers les initiales G. S.

119 — Plateau surtout de forme oblongue et à contours, décor bleu à lambrequins et ornements.

120 — Vase en forme de balustre, décor bleu à ornements.

121 — Deux petites fontaines-appliques à décor bleu et fleurs de lis servant d'attache au goulot.

122 — Grand plat rond à contours, décor bleu à fleurs au centre et ornements au marli.

123 — Petit plat oblong à pans à décor bleu ; ornements et festons de fleurs au pourtour et corbeille de fleurs au centre.

124 — Deux petits hanaps en forme de casque, en vieux Rouen à décor bleu.

125 — Bénitier avec applique ornée de deux figures d'anges ; décor bleu à buste de saint personnage.

126 — Assiette à décor bleu; au centre, un canard, au marli, corbeille de fleurs et ornements.

FAIENCES DE MARSEILLE

127 — Deux jolies assiettes à bords festonnés, en ancienne faïence de Marseille, décor polychrome à oiseaux dans des paysages, fleurs, papillons et insectes. Le bord est doré.

128 — Quatre assiettes à bords festonnés, en ancienne faïence de Marseille, décor polychrome à larges fleurs et petites hachures carmin au marli.

129 — Deux assiettes à bords festonnés, décor polychrome à fleurs et hachures carmin au bord, alternant avec des ornements bleus et des fleurs.

130 — Sucrier à deux anses et à couvercle en ancienne faïence de Marseille, décor polychrome à fleurs.

131 — Quatre assiettes à bords festonnés, décor polychrome à fleurs et hachures vertes.

132 — Six assiettes à bords festonnés en ancienne faïence de Marseille, décor polychrome à branches de fleurs.

133 — Six assiettes à bords festonnés en faïence de Marseille (?), décor polychrome et rehauts d'or. Au centre, papillon dans un médaillon ovale ; au marli, fleurettes et dentelure.

134 — Deux assiettes en faïence du Midi, à bords festonnés et décor de fleurs et légumes polychromes.

135 — Cinq pièces : grand plat et quatre assiettes creuses, à bords festonnés, décor polychrome à fleurs.

136 — Verrière oblongue, décor polychrome à fleurs.

137 — Deux petits seaux ou jardinières à anses formées de fruits, décor polychrome à fleurs.

138 — Trois jardinières-appliques de formes et de dimensions variées, décor polychrome à fleurs et oiseaux.

139 — Deux salières oblongues, décorées de fleurs polychromes.

140 — Deux plats oblongs, décor polychrome à fleurs (en deux dimensions).

141 — Saucière à décor en camaïeu vert.

FAIENCES DE MOUSTIERS

142 — Fontaine-applique avec couvercle en ancienne faïence de Moustiers, décor polychrome à festons et jetées de fleurs et présentant sur sa face un médaillon ovale représentant le Triomphe d'Amphitrite. Les anses et le goulot sont formés de mascarons.

143 — Autre fontaine-applique de même forme que celle qui précède et de même faïence. Celle-ci est décorée en bleu dans le goût de Bérain. Elle est accompagnée d'un bassin oblong à contours, d'un couvercle dômé et d'un support en bois de chêne et bois noir.

144 — Grande fontaine-applique à contours et goulot formé d'un mascaron en ancienne faïence du Midi, décor polychrome à jetée de fleurs.

145 — Sucrier avec couvercle, décor polychrome à sujets mythologiques dans des paysages.

146 — Boîte ronde à poudre, décor polychrome à médaillons, figures mythologiques avec bordures d'ornements. Le couvercle représente Orphée charmant les animaux.

147 — Plateau oblong et à contours formant surtout, décor polychrome à fleurs.

148 — Grand plat oblong et à contours en ancienne faïence de Moustiers, décor bleu, dans le goût de Bérain.

149 — Sucrière en forme de vase, à décor bleu, dans le goût de Callot.

150 — Deux petits plats ronds à côtes, décor bleu à ornements, festons de fleurs et rosace.

151 — Support ou petite console de suspension en ancienne faïence de Moustiers, décor polychrome à jetées de fleurs.

152 — Deux pièces à décor jaune et vert : couvercle d'écuelle à dessin dans le goût de Callot, et lanterne à main décorée de figures de danseuses.

153 — Jardinière oblongue en faïence du Midi, décor polychrome à fleurs.

154 — Douze assiettes à bords festonnés en ancienne faïence de Moustiers, décor polychrome à fleurs au centre et au marli.

155 — Dix assiettes analogues à celles qui précèdent, mais un peu plus grandes.

156 — Sept assiettes à bords festonnés, décor bleu à fleurs.

157 — Dix assiettes à bords festonnés, décor polychrome à fleurs, poissons et légumes.

158 — Quatre assiettes à décor polychrome de style rouennais, à fleurettes et ornements.

159 — Deux jardinières-appliques de forme contournée, décor polychrome à fleurs et paysages.

160 — Pot à lait avec couvercle décoré de sujets chinois en camaïeu jaune et de fleurs et d'ornements en couleurs.

161 — Jardinière de forme contournée en ancienne faïence de Moustiers, décorée de festons de fleurs et d'ornements en camaïeu bleu. Elle est montée dans une applique de suspension en bois sculpté à consoles et ornements enrichie d'un médaillon en faïence de Moustiers, décoré d'un double écusson armorié en camaïeu bleu.

162 — Boîte à poudre en ancienne faïence de Moustiers, décor polychrome à médaillon, sujet mythologique et festons de fleurs.

163 — Pièce de surtout avec galerie à jour décorée de fleurs polychromes.

164 — Autre pièce de surtout de forme octogone à décor bleu dans le goût de Bérain.

FAIENCES DE STRASBOURG

165 — Cartel porte-montre en ancienne faïence de Strasbourg modèle rocaille, décoré de hachures bleues avec rehauts d'or. Il porte le sigle de P. Hanong.

166 — Quatre assiettes creuses en ancienne faïence de Strasbourg, décor polychrome à fleurs et ornements. Le bord est doré. Elles portent la marque de J. Hanong.

167 — Neuf assiettes en ancienne faïence de Strasbourg, décor polychrome à fleurs et hachures carmin au bord.

168 — Quatre belles assiettes en ancienne faïence de Strasbourg, décor polychrome à larges fleurs. Trois d'entre elles portent la marque de J. Hanong.

169 — Deux plats oblongs en faïence de Strasbourg, décor polychrome à fleurs.

170 — Jardinière oblongue à deux compartiments, décor polychrome à fleurs et hachures bleues.

171 — Soupière oblongue et un petit plat en ancienne faïence de Strasbourg, décor polychrome à fleurs Le couvercle est surmonté d'un artichaut.

172 — Soupière ronde avec couvercle et anses formées de branche de fruits, décor polychrome à fleurs.

173 — Bassin à contours décoré de fleurs polychromes.

174 — Deux compotiers, modèle coquille, à décor de fleurs polychromes.

175 — Deux compotiers à quatre lobes, décor polychrome à fleurs et armoiries fleurdelisées. Ils portent la marque de Paul Hanong.

FAIENCES DE LORRAINE

176 — Grand groupe de cinq figures : Vénus et Amours en ancienne faïence de Lorraine, décor polychrome sur socle à six pans découpé à jour.

177 — Deux pintades formant daubières à décor polychrome. Les terrasses sont garnies de feuilles vertes.

178 — Console-applique composée d'ornements rocaille et d'un oiseau à décor polychrome.

179 — Pied de croix à ornements rocaille rehaussés de bleu et fleurs polychromes.

180 — Beau dindon grandeur nature formant daubière à décor polychrome, sur socle en bois.

181 — Deux corbeilles oblongues losangées à deux anses en ancienne faïence de Lorraine, décor polychrome à fleurs et ornements.

182 — Ecuelle ou petite soupière ronde à deux anses avec plateau et couvercle surmonté d'une fleur, en faïence de Lorraine, décor polychrome à fleurs et bordure d'ornements en camaïeu carmin rehaussés de dorure.

183 — Quatre assiettes à bords festonnés en ancienne faïence de Niederwiller, décorées de paysages et d'insectes en camaïeu carmin.

184 — Onze assiettes en faïence de Saint-Clement décorées de fleurs en camaïeu carmin.

185 — Quatre assiettes en faïence de Lorraine décorées de paysages avec personnages en camaïeu carmin.

186 — Boîte oblongue, décor polychrome à fleurs et papillons.

187 — Plateau à bords festonnés et découpés à jour rehaussé de carmin et décoré au centre de fleurs polychromes.

188-189 — Deux perdrix ouvrantes, décor polychrome.

PORCELAINES DE CHINE

190 — Joli vase en forme de cornet à panse surbaissée en ancienne porcelaine de Chine, décoré en émaux de la famille rose à fleurs et ornements.

191 — Grand vase en forme de balustre en porcelaine de Chine, jaspé violet. Il est monté en bronze doré et garni de branches de roseaux porte-lumières.

192 — Vase à panse sphérique et à cinq goulots en porcelaine flambée de la Chine ; sur socle en bois.

193 — Vase en forme de bouteille à panse sphérique en grès émaillé gris jaspé violet.

194 — Deux jardinières octogones en porcelaine de Chine, décor bleu à paysages.

195 — Grand pot en porcelaine de Chine, décoré de

médaillons de paysages, de fleurs et d'ornements émaillés en couleurs.

196 — Fontaine de forme conique à anse et à trois pieds découpés en ancienne porcelaine de Chine, décorée d'oiseaux et de fleurs arabesques en or sur fond rouge,

197 — Vase de forme surbaissée en ancienne porcelaine de Chine, décoré de personnages: réunion de femmes dans un parc. Il est garni d'une monture en bronze doré.

198 — Deux jolies théières formées chacune d'une poule et de poussins, en ancienne porcelaine de Chine, décorées en jaune, vert et violet.

199 — Deux petites bouteilles en céladon bleu turquoise uni.

200 — Deux sucriers en ancienne porcelaine de Chine, à décor en émaux de la famille rose, corbeilles de fleurs et ornements. Montures en bronze ciselé et doré.

201 — Deux beurriers formés chacun d'un oiseau sur son nid en ancienne porcelaine de Chine, décor polychrome.

202 — Deux petits chiens assis en porcelaine de Chine décorés en rouge.

203 — Deux pièces : groupe en vieux Chine, personnage monté sur un éléphant et groupe en ancien blanc, personnage monté sur un chien de Fô.

204 — Trois pièces : personnage monté sur un buffle, figurine de femme à vêtement émaillé bleu et petit perroquet vert.

205 — Deux pots à lait en porcelaine de l'Inde, décorés de fleurs polychromes.

206 — Deux plats : l'un d'eux ovale et l'autre à pans, en porcelaine de l'Inde, décor à fleurs.

207 — Deux flacons à thé en vieux Chine, décor dit à mandarins.

208 — Coq debout en porcelaine de Chine.

PORCELAINES DU JAPON

209 — Deux potiches à couvercle, en ancienne porcelaine du Japon, décor bleu à fleurs et médaillons de paysages et personnages.

210 — Coupe couverte et à pans, en ancienne porcelaine du Japon, à décor en bleu rouge et or.

211 — Deux potiches à pans, à gorges et couvercles découpés à jour, en porcelaine du Japcn, décor polychrome. Elles sont garnies de montures en bronze doré à anses mufles de lion.

212 — Deux petites potiches à couvercle en porcelaine du Japon, à décor bleu et fond bleu laqués à décor d'or.

213 — Coq en vieux Japon à décor bleu et rouge.

214 — Plat rond en vieux japon, à décor en bleu, rouge et or, poissons, fleurs et oiseaux et plat à barbe décoré d'oiseaux et d'ornements.

PORCELAINES DE SAXE
ET AUTRES

215 — Ecuelle avec plateau et couvercle en ancienne porcelaine de Saxe, gaufrée à fleurs et décorée de jetées de fleurs polychromes.

216 — Tasse et soucoupe en vieux Saxe, gaufrées en relief à l'extérieur et décorée de fleurs peintes à l'intérieur.

217 — Deux sucriers en porcelaine de Saxe, l'un d'eux décoré de fleurs et l'autre décoré d'oiseaux.

218 — Deux pots à lait, l'un d'eux en vieux Saxe décoré de sujets de chasse, en camaïeu carmin et l'autre en porcelaine d'Allemagne, décoré de figures chinoises.

219 — Deux jolies figurines équestres d'officiers, en ancienne porcelaine de Saxe.

220 — Quatre figurines et un petit buste de satyre, en porcelaine de Saxe et autres.

221 — Petit buste de poupon en porcelaine de Saxe.

222 — Petit plateau oblong à contours, en ancienne porcelaine d'Allemagne, décoré d'un sujet militaire en camaïeu carmin et d'ornements feuillagés vert et or.

223 — Ecureuil assis tenant une noisette, en porcelaine de Saxe.

224 — Deux salières triangulaires, décor polychrome à fleurs et festons de laurier rapportés en relief encadrant un petit médaillon ovale.

225 — Sucrier ovale à deux anses et à couvercle surmonté d'une fleur, en ancienne porcelaine de Saxe, gaufré à côtes et décoré de fleurs polychromes.

226 — Deux petits paniers à jetons, en porcelaine de

Berlin, décorés de sujets de personnages dans des paysages.

227 — Dix petits animaux en porcelaine de Saxe et autres tels que : Chiens, mouton, cygne, chat, etc.

228 — Groupe en porcelaine de Saxe, poule et ses poussins, décor polychrome.

229 — Deux oiseaux sur troncs d'arbres, en porcelaine de Berlin, et deux petits perroquets en porcelaine de Saxe.

230 — Deux pièces : Lion à demi couché et chien assis.

231 — Groupe de deux oiseaux sur tronc d'arbre en porcelaine de Saxe, décor polychrome.

232 — Chope de forme contournée en ancienne porcelaine de Nymphenburg, décorée d'ornements et de fleurs polychromes et portant l'inscription : *Vive madame Bernhard*. Son couvercle est en argent.

233 — Soupière ronde à deux anses, à ornements gaufrés et décorée d'animaux et insectes polychromes.

234 — Deux corbeilles ovales à deux anses en porcelaine de Worcester, décor bleu à fleurs et ornements.

235 — Pivert perché sur un tronc d'arbre en vieux saxe, décor polychrome.

236 — Groupe de deux ânes en vieux saxe, décor polychrome.

237 — Trois oiseaux sur troncs d'arbres en porcelaine de Saxe.

238 — Petit groupe en vieux saxe, pintade et ses petits.

239 — Trois petits animaux de même porcelaine : kangourou, chiens, chat, et vache couchée.

240 — Petite poule formant boîte en faïence, et très petit faisan.

241 — Jolie écuelle de vieux saxe à fleurs en relief et médaillons peints en camaïeu carmin à sujets militaires à l'intérieur du couvercle et au centre du plateau.

242 — Salière ovale à quatre petits pieds en vieux Sèvres, pâte dure décorée de fleurs rehaussées d'or.

243 — Trois statuettes en porcelaine et en faïence de Hœchst : petit hussard, jeune garçon jardinier et jeune fille vêtue d'une jupe bleue.

244 — Trois pièces en porcelaine : amour jouant du violon, petit buste de guerrier et petit pot de fleurs.

245 — Deux pièces en porcelaine de Saxe. Moutardier et sucrier oblong à décor de fleurs.

246 — Plat en vieux saxe à ornements gaufrés et décoré de fleurs polychromes.

247 — Bourdaloue en vieux saxe à ornements gaufrés et fleurs polychromes.

248 — Tabatière carrée en ancienne porcelaine d'Allemagne décorée de paysages polychromes à l'extérieur et d'un sujet familier en camaïeu carmin à l'intérieur du couvercle.

249 — Service à dessert composé de deux couteaux, d'un passe-thé, de deux fourchettes et d'une petite truelle à manches en porcelaine de Saxe.

250 — Douze couteaux à lames d'acier dont dix à manches de porcelaine de Saxe et de Chantilly et deux à manches de faïence.

251 — Deux appliques à trois lumières en porcelaine de Saxe à branches et encadrements à fleurs et oiseaux en ronde bosse et médaillons peints.

252 — Deux petits vases ovoïdes en vieux saxe à anses à mascarons et décor de fleurs.

MEUBLES ET DIVERS

253 — Deux miroirs de forme contournée à figures gravées et cadres en bois sculpté et doré. — XVIIIe siècle.

254 — Jardinière oblongue en bois noir garnie de plaques de faïence moderne à décor polychrome.

255 — Console Louis XV en bois sculpté et doré à dessus en bois.

256 — Deux supports-appliques en bois noir.

257-260 — Quatorze supports-appliques en bois noir et en bois doré. Ce lot sera divisé.

261-264 — Deux lustres et quatre appliques en bronze garnis de cristaux.

265 — Deux gaines en bois noir gravé et rangs de perles en cuivre doré. Elles ont été fabriquées par Sauvrezy.

266 — Glace à fronton avec cadre tout en glace gravée, de style vénitien.

267 — Glace Louis XIII avec fronton en bois noir garni d'ornements en cuivre estampé.

268 — Glace octogone en hauteur avec encadrement gravé et appliques rapportées aux angles.

269 — Petite plaque d'émail de Limoges représentant le buste de saint Pierre en couleurs, par Jean Laudin. Cadre en bois sculpté et doré.

270 — Deux pipes, l'une en porcelaine, l'autre en écume sculptée.

271 — Trois divinités égyptiennes en terre émaillée bleu turquoise.

272 — Petite coupe sur pied droit en cristal de roche.

273 — Petit miroir ovale avec cadre formé de fleurs et feuillages en verre.

274 — Petit brûle parfums en émail cloisonné de la Chine à fond bleu à fleurs arabesques et ornements et anses rapportées en bronze.

275 — Couteau-scie en argent à manche de nacre.

276 — Vénus accroupie en albâtre sur socle en serpentin.

277 — Quatre supports-appliques dorés.

278-285 — Environ cent trente pièces provenant d'un service de table en verre de Bohême gravé à fond carmin et jaune et comprenant des coupes et compotiers pour dessert, des verres à vin de Bordeaux, madère, etc. Ce lot sera divisé.

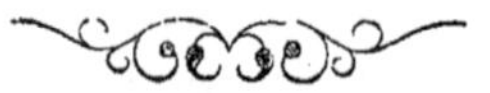

www.ingramcontent.com/pod-product-compliance
Ingram Content Group UK Ltd.
Pitfield, Milton Keynes, MK11 3LW, UK
UKHW020510180726
13839UKWH00005B/2004

9 782329 546797